NOTEBOOK

FAIRY TALE

FAIRY TALE

FAIRY TALE

FAIRY TALE

FAIRY TALE

FAIRY TALE

FAIRY TALE

FAIRY TALE

FAIRY TALE

FAIRY TALE

FAIRY TALE

FAIRY TALE

FAIRY TALE

FAIRY TALE

FAIRY TALE

FAIRY TALE

FAIRY TALE

FAIRY TALE

FAIRY TALE

FAIRY TALE

25581849R00068

Printed in Great Britain
by Amazon